Le buveur d'encre

dyscool
lecture facilitée

Avec Dyscool, Nathan propose des romans jeunesse à succès dans une version adaptée pour les enfants dyslexiques et ceux qui ont du mal à entrer dans la lecture.

Les livres Dyscool sont plus confortables à lire et respectent le texte d'origine.

- La police, étudiée pour les Dys, est très lisible.
- La mise en page rend le déchiffrage plus facile.
- L'auteur a réécrit certains passages pour les rendre plus faciles à comprendre.

Cette adaptation a été réalisée en collaboration avec Mobidys, société spécialisée en dyslexie et en accessibilité cognitive.
L'histoire a été relue et testée par Cécile Zamorano, orthophoniste spécialiste de la dyslexie.

Avec Dyscool, lire devient amusant et facile !

texte aéré

les syllabes
des mots longs
ou complexes
en couleur.

le texte bien séparé
des illustrations.

Chaque soir, une nouvelle pile de livres
débarque à la maison.
Il y en a partout,
jusque dans les toilettes.
C'est une invasion*.
Impossible de râler. Avec Papa,
les livres ont toujours raison.
Il leur parle
comme à des êtres humains.
Il leur invente des prénoms
et les appelle « mes petits bouquins ».
Tous les bouquins sont ses copains.

*Invasion : arrivée d'un très grand nombre de soldats dans un autre pays.

12

13

les mots difficiles sont
définis à chaque page

changement de page
à chaque changement de scène

Pour le petit N° 6

OCIRP
protéger. agir. soutenir

Le label Dyscool a reçu le prix OCIRP
« Acteurs Économiques & Handicap » 2017

Loi n° 49-956 du 16 juillet 1949 sur les publications destinées à la jeunesse,
modifiée par la loi n° 2011-525 du 17 mai 2011.
ISBN : 978-2-09-257643-4

Éric Sanvoisin

LE BUVEUR D'ENCRE

Le buveur d'encre

Illustrations de Martin Matje

Nathan

LES PERSONNAGES

Regarde bien la couleur de chaque personnage.
Dans l'histoire, elle t'indique qui parle !

Le buveur d'encre

Le buveur d'encre est un personnage étrange qui vient boire l'encre des livres dans la librairie du père d'Odilon. Son vrai nom est Draculivre.

Odilon

Odilon est le héros de cette histoire. C'est un petit garçon qui déteste les livres. Par contre, il aime l'aventure !

Le père d'Odilon

Le papa d'Odilon est libraire, il adore les livres.

SOMMAIRE

Quand tu as fini un chapitre,
coche-le pour te souvenir où tu en es !

Chapitre 1

Odilon se cache dans la librairie

Papa est libraire. Il adore les livres.
Il les dévore. C'est un ogre*.
Il lit toute la journée
et parfois même la nuit.
C'est une maladie
qu'on ne peut pas guérir,
mais ça n'a pas l'air d'inquiéter
notre médecin de famille.

---

* Ogre : personnage de conte qui mange beaucoup d'enfants.

Chaque soir, une nouvelle pile de livres
débarque à la maison.
Il y en a partout,
jusque dans les toilettes.
C'est une invasion*.
Impossible de râler. Avec Papa,
les livres ont toujours raison.
Il leur parle
comme à des êtres humains.
Il leur invente des prénoms
et les appelle « mes petits bouquins ».
Tous les bouquins sont ses copains.

---

*Invasion : arrivée d'un très grand nombre de soldats dans un autre pays.

Moi, je m'appelle Odilon

et je n'ai pas de copain.

Je n'aime pas les livres.

De l'extérieur, je ressemble à Papa.

Mais à l'intérieur, alors là,

nous sommes deux étrangers.

Maman fait semblant

de ne pas s'en apercevoir.

Elle nous aime tous les deux.

Elle ne me défend même pas

quand Papa veut me forcer à lire.

Vous vous rendez compte ?

Les grandes vacances
viennent de commencer.
Je ne sais pas quoi faire.
Alors, j'aide Papa à la librairie.
Qu'est-ce que je fais ? Rien.
Il m'a interdit de ranger
et même de toucher les livres.
Il a peur que je les abime. Il a raison,
parce que j'aime bien entendre
le bruit d'une feuille
en train de se déchirer.
C'est beau
comme un morceau de musique.

Alors je regarde les voleurs.

C'est la seule chose qui m'amuse

dans une librairie.

Quand un livre disparait

dans la poche d'un pickpocket*,

je ne dis rien.

Je suis bien trop content.

Un livre de moins !

---

* Pickpocket : personne qui vole ce qui se trouve autour de lui, surtout dans les sacs et les poches des gens.

Mais cela arrive rarement.

En général, Papa repère les voleurs

au moment où

ils pénètrent dans le magasin.

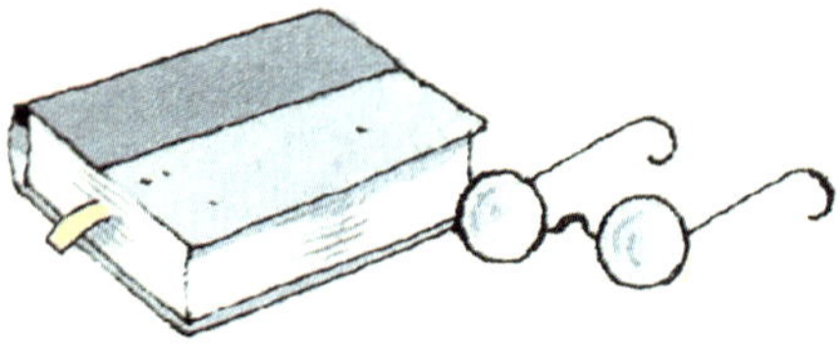

La plupart du temps,

je surveille les lecteurs.

Je les connais tous.

Ils ont leurs habitudes.

Certains reniflent les livres

comme si c'était des fromages.

D'autres se servent au hasard.

Ils adorent les surprises.

La librairie,

c'est comme une tombola !

Et puis il y a ceux
qui n'arrivent pas à se décider.
Ils prennent. Ils reposent.
Ils reprennent. Finalement,
ils changent d'avis
et remettent le livre à sa place.
Souvent, ils repartent les mains vides.
Ils ont l'air gênés
de n'avoir rien acheté.

J'ai une cachette,
dans le fond de la boutique.
Il y a un trou
au milieu des livres.
Personne ne peut me voir.
Je suis un espion.
Sur un cahier,
je note tout ce que j'observe.
Un jour, je mettrai peut-être tout ça
dans un livre.
Mais ça m'étonnerait,
car je déteste la grammaire.

Voici un nouveau client.
Je ne le connais pas, celui-là.
Jamais vu dans le quartier.
Il vient peut-être de déménager.
Je trouve qu'il a une drôle de tête.
Sa peau est un peu grise ;
il a des sourcils dans tous les sens
et un air complètement bête.
Et puis il agit
de façon étrange.
On dirait qu'il flotte
à dix centimètres du sol.

Comme un fantôme.

Je trouve son comportement bizarre.

Oh !

Chapitre 2

Le drôle de client boit un livre

Pendant cinq minutes,
le drôle de client
s'est promené dans les rayons.
Les yeux fermés,
il se déplaçait en silence,
les bras tendus droit devant lui.
On aurait dit qu'il écoutait
le bruit des livres.

D'un coup,

il a saisi un livre

et tout est devenu encore plus fou.

Il ne l'a pas ouvert, il a seulement

écarté les pages du milieu.

Il a sorti une paille de sa poche

et il l'a plantée dans la fente.

Sa bouche s'est mise à aspirer.

Le client inconnu a bu un livre !

Je l'ai vu !

Non, je n'ai pas rêvé.

Il faisait très chaud.

Sur le visage du client,

il y avait du plaisir,

comme si le livre contenait

du jus d'orange et des glaçons.

J'ai poussé un petit cri de surprise.

Je sais, je n'aurais pas dû.

Aïe ! Je crois qu'il m'a entendu.

Il a remis le livre à sa place,

a rangé sa paille

et s'est dirigé vers la sortie.

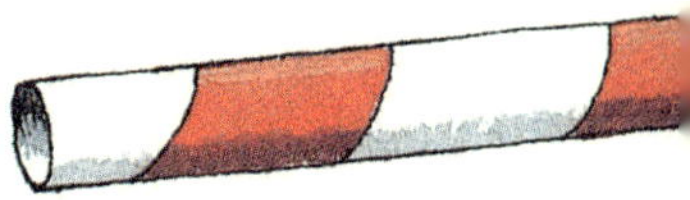

Aussitôt, j'ai bondi de ma cachette
pour examiner le livre dans lequel
il avait planté sa paille.
Je n'ai pas eu de mal à le retrouver.
Il était moins épais que les autres
et il était mou
comme du caoutchouc.

En le soulevant, je l'ai trouvé
d'une légèreté extraordinaire*.
S'il y avait eu un coup de vent
dans la boutique, il se serait envolé.
Quand je l'ai ouvert,
j'ai failli m'évanouir. Il était vide.
Sur les pages,
il ne restait pas le plus petit mot.

L'étrange client avait bu
toute l'encre du livre...

---

* Extraordinaire : qui n'est pas normal ou habituel.

Chapitre 3

Odilon poursuit le buveur d'encre

Je n'ai pas eu le temps d'avoir peur.

J'étais bien trop excité.

Il fallait agir tout de suite.

J'étais sûr que le drôle de client

ne reviendrait plus jamais

dans la boutique.

Il m'avait entendu et savait
que quelqu'un l'avait surpris
au milieu de sa dégustation*.
J'avais le choix entre
tout raconter à Papa et enquêter seul.
De toute façon,
Papa n'allait jamais me croire.
Il savait que je n'aimais pas lire.
Il allait m'accuser d'avoir gommé
les lettres une à une.

* Dégustation : action de manger quelque chose de très bon, lentement, pour profiter de son gout.

Dubout
LA PEAU DE VIE
BALZAC
DJIAN
il dit q
c'est dif
BRAMVA
PERI
cha
Jau
récon
42.1

Alors, je me suis élancé sur les traces de l'étrange lecteur.

– Où vas-tu ? m'a demandé Papa.

– Je sors !

Dans la rue, le soleil brillait
et il faisait très chaud.
Le buveur d'encre avait disparu.
J'ai eu peur de m'être décidé trop tard.

J'ai choisi au hasard

un côté du boulevard

et je me suis mis à courir.

Slalomant* entre les gens,

j'ai parcouru 300 mètres sans rien voir.

Non, non et non !

Je ne voulais pas abandonner.

Pour une fois,

il se passait quelque chose de fou

dans ma vie...

---

* Slalomer : avancer en zigzag pour éviter des objets ou des gens.

J'ai continué à courir
et j'ai aperçu l'étrange client.
Je l'ai reconnu
à sa drôle de façon de marcher.
Il avançait vite,
sans bouger les jambes.
Tout le monde s'écartait avec crainte
sur son passage.

Je me suis arrêté derrière un arbre
pour reprendre ma respiration.
Puis j'ai suivi le buveur de livres.
Je me suis alors retrouvé
devant la grille du cimetière...

Chapitre 4

Rencontre dans le cimetière

J'ai frissonné*. Un cimetière,

ça n'est pas

un endroit pour les enfants.

Continuer pouvait être dangereux.

Mais j'ai continué.

Je voulais être courageux.

---

* Frissonner : trembler très vite (de peur, de froid ou à cause de la fièvre).

Mon suspect* avait pris de l'avance
dans l'allée principale.
J'ai accéléré pour réduire la distance
qui nous séparait.
Soudain, il s'est dirigé
vers une petite allée
qui partait en diagonale.
Quand je suis arrivé au croisement,
il n'y avait plus personne.

---

* Suspect : personne qui a peut-être commis un crime, fait une bêtise, ou qui agit de façon bizarre.

Un gros mot m'a échappé.

J'étais vraiment nul !

Je ne voulais pas avoir parcouru

tout ce chemin pour rien.

J'ai serré les dents

et je me suis avancé

entre les tombes.

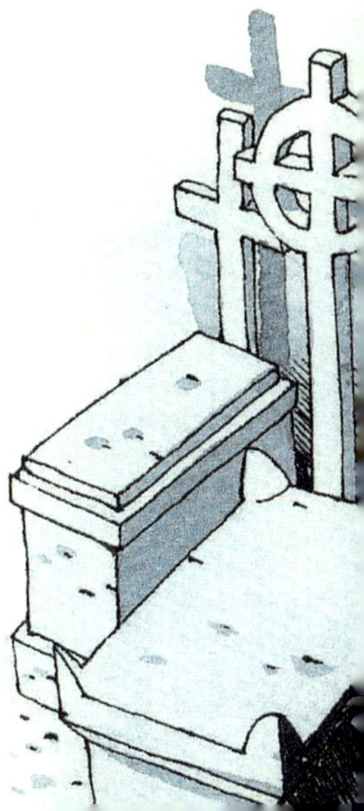

Partout, des noms et des dates
étaient gravés dans la pierre.
Ça me gênait de marcher
sur tous ces gens enterrés.

J'étais si pressé

que je n'ai dit bonjour à personne.

Les morts ont dû me trouver

bien mal élevé !

Le client qui avait bu le livre

vivait surement dans une des tombes.

Où se cachait-il ?

Tout le monde n'avait pas la chance
de rencontrer un vampire.
Et il était encore plus rare
d'en découvrir un
qui suçait l'encre des livres.
Quelle chance j'avais !
Et quelle peur...

Là !

Un étrange monument se dressait au milieu de l'allée. Il avait la forme... d'une bouteille d'encre !

Incroyable !

Mes genoux se sont mis à trembler. Dans ma tête, plus rien ne marchait : j'avais trop peur.

Comme un robot, j'ai poussé la grille de ce caveau* bizarre.

---

* Caveau : dans un cimetière, grande tombe dans laquelle on enterre plusieurs personnes de la même famille.

Elle n'était pas fermée à clé.

Un escalier s'enfonçait

dans les profondeurs de la terre.

J'ai descendu les marches

au ralenti.

Des toiles d'araignée

tombaient du plafond

et se collaient dans mes cheveux.

Brrr...

En bas se trouvait
une petite salle ronde.
Les murs étaient tapissés de livres.
Des milliers de romans étaient serrés
les uns contre les autres.
Quelle étrange bibliothèque !
C'était surement le garde-manger*
du monstre...

---

*Garde-manger : endroit où on garde de la nourriture.

Quelques bougies éclairaient
un cercueil en forme de stylo-plume,
posé sur des pieds en bois.
Le buveur d'encre ronflait à l'intérieur.
Une couverture cachait son corps.
Seule sa tête était visible.
Elle reposait
sur un gros oreiller de satin*.

*Satin : tissu lisse et brillant.

Il avait la peau très blanche.

De petites lettres y étaient incrustées*,

comme des taches de rousseur.

Je me suis approché pour mieux voir.

D'un coup, il s'est redressé

et ses yeux se sont posés sur moi.

Ils étaient fixes et noirs

comme de l'encre.

J'étais terrifié.

Les vampires mangent-ils les enfants ?

* Incrusté : gravé.

Chapitre 5

L'attaque du vampire

La peur m'empêchait de bouger.

Impossible de m'enfuir.

Mes cordes vocales*

étaient toutes molles.

Impossible de crier.

---

* Cordes vocales : partie du corps dans la gorge qui permet de produire du son et de parler.

– Qu'est-ce qui t'amène, petit ?
a demandé l'étrange homme.

Il avait une voix douce et sifflante.
Vite, je devais trouver
une réponse intelligente...

– Je venais voir ma grand-mère.
J'ai dû me tromper de porte.
– Ta grand-mère habite
dans ce cimetière ?
– Non. Je me suis aussi trompé
de cimetière.

Il a grogné. J'ai sursauté.

Sa langue s'agitait entre ses lèvres.

Elle était pointue,

menaçante et toute sèche.

– Tu m'as suivi, petit. Pourquoi ?

Il ne servait à rien de mentir.

Il semblait lire dans mes pensées...

– Vous avez bu un livre.

Je vous ai vu !

– C'est pour ça que tu es ici.
Tu es bien imprudent.
Sais-tu qui je suis ?

– Un... vampire ?

– En effet. J'ai bu du sang
pendant cinq siècles.
Tu as de la chance
que j'y sois devenu allergique,
sinon...

Sinon quoi ?

Je n'ai pas essayé d'imaginer

ce qu'il voulait dire.

– Pourquoi vous avalez de l'encre, monsieur ?

– Depuis 72 ans,

tout le reste me rend malade.

L'encre est le seul aliment*

qui passe.

Et puis, c'est nourrissant.

* Aliment : quelque chose qui se mange.

– Ah ? Mais pourquoi volez-vous
l'encre dans les librairies ?
Pourquoi ne pas acheter
tout simplement
des bouteilles d'encre ?
En installant un réfrigérateur
à côté de votre cercueil,
vous pourriez rester
bien tranquillement chez vous.

– Non, petit.
L’encre liquide n’a pas de gout.
C’est comme un plat
qui manque de sel.
Par contre,
l’encre qui a vieilli sur le papier
possède un gout spécial.
C’est un vrai délice* !

* Délice : quelque chose de très bon.

J'ai fait la grimace. Un délice ?

Tu parles !

– Tu ne me crois pas ?

– Si, si.

J'ai commencé à reculer.

– Non, tu ne me crois pas.
Si c'est comme ça,
je vais te donner
le gout de l'encre !
Demain, tu comprendras
ce que je veux dire…

Il a bondi hors de son cercueil.

À la place des dents,

il avait des plumes de stylo.

Son sourire m'a ensorcelé :

il était aveuglant et si près...

Je n'ai plus vu que du noir.

Je ne sentais plus rien.

un bol d
et
son pe
l'encre
cauch
dormi
e allai
AAAA

Chapitre 6

Odilon se transforme

Je me suis réveillé à la librairie
dans ma cachette.
Je m'étais endormi.

J'avais surement rêvé,
car les vampires n'existent pas.
Personne ne boit un bol de sang
pour son petit déjeuner et
encore moins de l'encre avec une paille.
Je déteste les cauchemars.
Ça me fait peur.

La librairie allait bientôt fermer.

Il ne restait qu'un ou deux clients

qui trainaient.

Pour être bien sûr que j'avais rêvé,

j'ai ouvert quelques livres.

Tout allait bien.

Toutes leurs lettres étaient encore là.

Quelque chose me piquait
fortement le bras.
J'ai essayé de me gratter,
mais ça ne m'a pas aidé.
La douleur semblait venir de l'intérieur,
sous ma peau...
Je suis retourné dormir
dans ma cachette.
J'étais bizarrement fatigué.
Mon corps était lourd, très lourd...

Ensuite, Papa a fermé la porte du magasin. Clac-clac.
Et il est parti.
J'étais enfin tranquille !
Papa ne s'était aperçu de rien.
C'est sûr, il allait me chercher.
Mais je n'avais pas envie de rentrer me coucher à la maison.
Je me sentais très bien dans le noir.
Quel calme dans la boutique !

Sagement alignés sur leurs étagères,
les livres m'appelaient.
« Viens. Viens ! Ouvre-nous ! »
C'était bien la première fois
qu'un livre me faisait envie.
« Viens. Viens ! Lis-nous ! »

En plongeant la main dans ma poche,

j'y ai trouvé une paille.

Quelle chance !

Je l'ai plantée dans un livre.

La première gorgée m'a traversé

comme un éclair. Miam,

c'était délicieux !

C'est un peu bizarre,
mais j'étais en train de manger
des phrases
et de croquer des paragraphes.
Les romans étaient très bons,
finalement !
Le plus étonnant,
c'était que le gout changeait
suivant les mots
et les passages du texte.

Je ne buvais pas de l'encre,

mais de l'aventure !

Je ne lisais pas ce qui arrivait,

je le vivais.

En avalant, je pouvais voir

deux navires s'affronter

sur une mer déchainée*.

À l'abordage** !

---

* Mer déchainée : mer très agitée, avec des vagues très grosses et beaucoup de vent.

** À l'abordage ! cri lancé par les pirates quand ils vont attaquer un bateau ennemi.

Les pirates souriaient férocement,
avec un sabre entre les dents.
J'étais
le capitaine des corsaires* du roi
et je me battais pour rester en vie.
Tout à coup, je me suis retrouvé
face à un affreux pirate
avec un bandeau sur l'œil
et une jambe de bois.
C'était le terrible capitaine Flint** !

---

* Corsaires : pirates qui sont au service du roi.
** Capitaine Flint : célèbre pirate très cruel, personnage du livre *L'Ile au trésor* (R.L. Stevenson).

Nous nous sommes battus à l'épée.

J'étais épuisé.

Mes bras étaient tout mous.

Dans un dernier effort,

je me suis jeté sur le pirate.

Il a évité mon attaque.

Je suis tombé à l'eau...

J'ai commencé à boire
les mots du chapitre 2
pour connaitre la suite.
Soudain,
la lumière de la librairie s'est allumée.
Papa était là !
J'ai avalé de travers.

– Viens te coucher, Odilon !

Papa m'a vu, mais il n'a pas compris ce que je faisais avec le livre.

– Je t'avais demandé de lire des livres, pas de les mâcher !

Il a aperçu la paille et l'encre qui dégoulinait sur mon menton. D'un coup, il n'a plus eu l'air fâché.

– Tu as été mordu par un chien ?

– Pas exactement...

Il croyait sans doute que je saignais.

Je l'ai rassuré :

> – C'est du chocolat
> que j'ai sur le menton !

Il m'a cru. Ouf !

Papa n'avait pas complètement tort*.

C'est vrai que j'avais été mordu,

mais par un vampire !

J'ai regardé mon bras,

là où ça me grattait.

Il y avait un mot écrit sur ma peau :

DRACULIVRE.

C'était son nom !

* Avoir tort : ne pas avoir raison.

Le vampire l'avait surement gravé
sur mon bras avec ses dents
en forme de plumes,
quand je m'étais évanoui
dans le cimetière.

Maintenant, je lui appartenais.

J'étais devenu un buveur d'encre.

Alors, pour la première fois de ma vie,

j'ai été content

d'avoir un papa libraire.

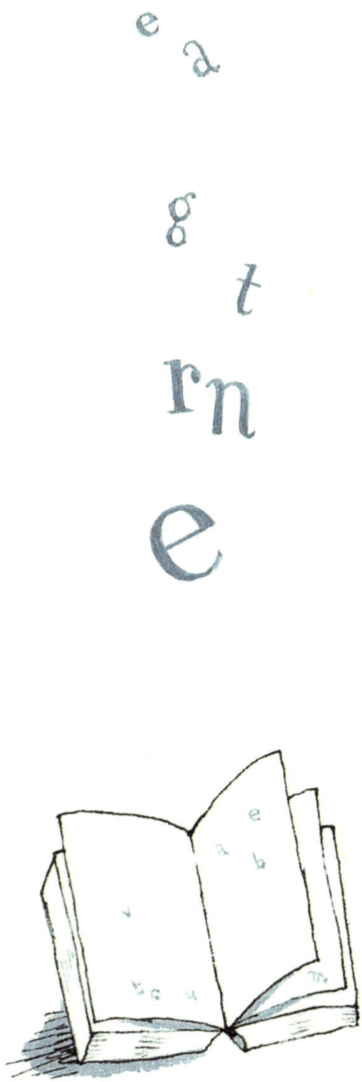

L'auteur : Éric Sanvoisin

C'est un auteur bizarre :
il adore sucer l'encre du courrier
de ses lecteurs avec une paille.
C'est ce qui lui a donné l'idée d'écrire
ces histoires. Il est persuadé
que ceux qui liront ce livre deviendront
ses frères d'encre, comme il existe
des frères de sang.

L'illustrateur : Martin Matje

Martin Matje est né à Paris en 1962.

Il a beaucoup travaillé pour la presse.

Il a écrit et illustré de nombreux livres pour enfants. Il réalisait également des illustrations pour des magazines pour adultes, comme le prestigieux New Yorker.

Il a vécu au Québec.

Tu as aimé ce roman ?
Retrouve d'autres romans dans la collection
dyscool

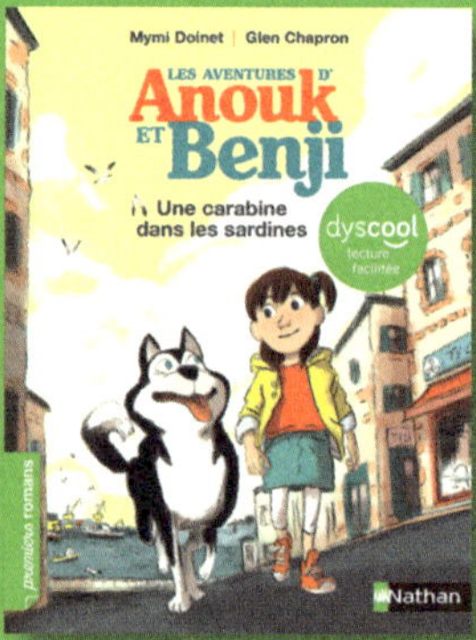

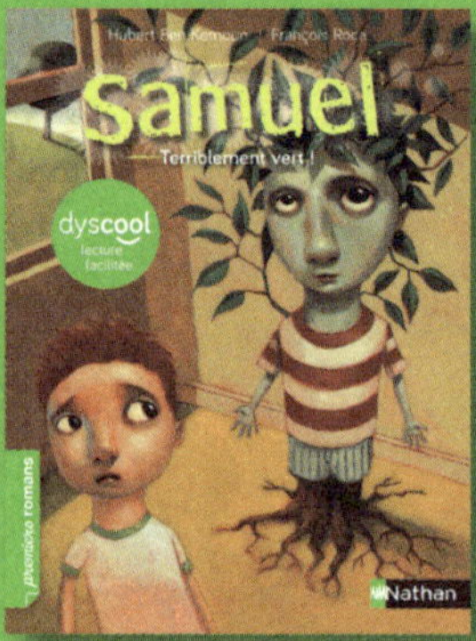

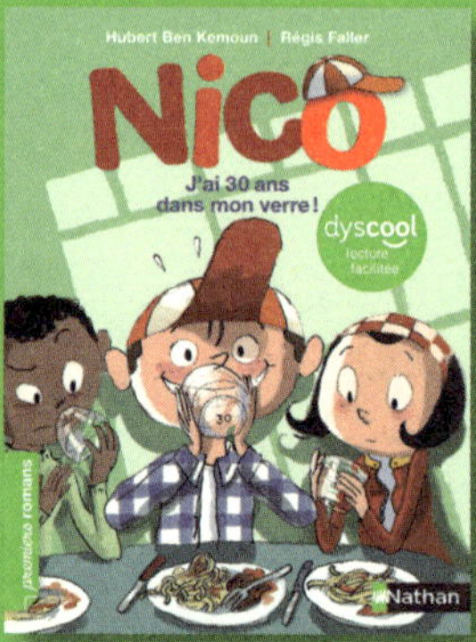

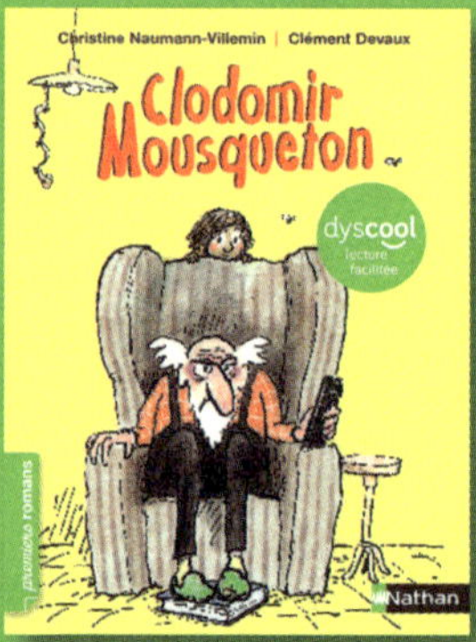

premiers romans

N° d'éditeur : 10261824 – Dépôt légal : Juillet 2017
Achevé d'imprimer en janvier 2020 par Pollina
(85400 Luçon, Vendée, France) - 92516